# Ярослав Вайз

I0617115

# Сяй!

Як важливо інколи надати або знайти підтримку! Часто все, що потрібно, – це підбадьорення та щира молитва. Часом корисно перевести увагу на щось гарне та свіже, наприклад, на природу. Завжди важливо пам'ятати, що б не сталося, у нас є Підтримка: Ісус Христос, наш Спаситель, Святий Дух, наш Утішитель і Бог Отець, Творець добра, Який і досі працює. Ця книга складається з коротких віршів, що допомагають підбадьорити тих, хто їх читає, а ще фото природи, які допомагають звернути увагу на дивовижні речі навколо нас; ця збірка нагадує про важливість щирої молитви та про те, що ми не самотні, а наш Люблячий Бог постійно із нами.

Вайз, Я. (2023). *Сяй!* Калгарі, АБ: Едукейшн Корп.

**ISBN 978-1-989531-48-8**

| | |
|---|---|
| Формат: | книга (м'яка обкладинка) |
| Мова: | українська |
| Автор: | Ярослав Вайз |
| Видавець: | Едукейшн Корп. |
| Дисклеймер: | цю книгу опубліковано так, як її подано автором і мовою оригіналу |

# Вдячність

Дякую Богові за цю книгу.

Дякую родині за їх підтримку під час написання цих
віршів та підготовки книги.

Дякую Вам, читачу, що знайшли час зупинитися та
прочитати вірш чи кілька.

# Зміст

iii

iv

ix

# ПОДЯКА

**І за це дякуй Богові**

Якщо Бог поклав
Добру справу на серце тобі,
Він знав,
Що ти – той, хто б її доконав.

Тому, чи то вивчення мови нової,
Чи в університеті навчання …, –
Нехай не спадає думки такої,
Щоб занехаяти, але, щоб досягти доброї цілі тої.

*Sunday 27.11.2022*

**Шукай благословення**

Хто благословення шукає,
Той його таки колись має.
Хто іншого прагне,
Той того досягне.

Щоб правильні речі шукати,
У Господа мудрості треба благати,
А ще кожен день до молитви щиро ставати
Й у напрямку тому зусиль докладати.

*Saturday 22.10.2022*


## У добрі перемагай

Не достатньо лише лихі справи не робити –
Необхідно також добро чинити.
Тому зважай, як можеш допомагай.
Із Богом у добрі перемагай.

*Saturday 22.10.2022*


## Вірним належить перемога

Вірним належить перемога,
Тому вір і добро чини скільки є змога;
Надбання новий крок несе.
Слав Бога та дякуй за все.

*Sunday 09.10.2022*


## Життя

Життя – великий дар:
На славу Божу радій, користайся.

Хай би який отримав удар,
Живи, вір, добрих справ не цурайся.

*Tuesday 13.09.2022*

## У скруті

У скруті про Бога не забувай,
Але й коли все добре дбай
Про те, як Йому догоджати
І багато якої скрути зможеш уникати.

*Friday – Saturday 12–13.08.2022*

## Радіти, дякувати, працювати

Треба ще навчитися
Досягненням радіти
Великим і коли мало є на що дивитися,
Щиро, як маленькі діти.

Адже треба не тільки вміти працювати,
Але через успіх щасливим бути.
А ще дяку Богу у справі, слові, думці віддавати.
А потім знову поклик до роботи чути.

*Saturday 30.07.2022*


## Дари, які маємо

Кожен із нас має дар,
Щоб працювати гарно,
Але не завжди за це чуємо звуки фанфар,
І часом складно просуватися вправно.

Дехто має кілька дарів,
А дехто талант у собі ще не відкрив,
Але має шукати між буденних справ шарів,
Щоб науки, мистецтва й інші вершини скорив.

Тому навчайся, працюй, шукай;
Бога прославляй;
Ближньому допомагай;
Порядком свій хист оздобляй.

*Monday 27.07.2022*


## Господь чує молитви

Дякую, Боже, що чуєш молитви та зціляєш;
Чи на суші, чи у воді, у повітрі – усюди допомагаєш;

Святих Твоїх на допомогу посилаєш.
Благослови вгодне Тобі робити та пам'ятати, що Ти завжди дбаєш.

*Saturday 05.02.2022*

**Благословіть Господа, всі творіння Його!**

Благословіть Господа, всі творіння Його!
Негайно залиште зло, чиніть добро!
Квітка, яку поливають зросте.
Занедбала ж квітка пропаде

*Sunday 16.03.2014*

**Дякую, Боже, за любов, я Тебе дуже люблю**

Дякую Тобі, Боже, за те, що спасаєш знов і знов,
Любиш мене, Свого раба, хоч і нарубав я дров.
Дякую Тобі за надію вічного життя,
Здоров'я, родину, одяг, їжу, мирне буття!

Дай, Боже, Твоєму рабу мудрим бути,
Твої повеління добре чути
І волю творити Твою
Бо я Тебе дуже люблю!

*Sunday 18.08.2013*


## Дякую, Боже, що смиряєш Свого раба

Дякую, Боже, що смиряєш Свого раба.
Твоя Слава – велика, а моя маленька доба.
Помилуй, Боже, мене, заступи.
Дай ще радіти, уздорови!

Бо згрішив я і став недостойним,
Сам себе зробив неспокойним.
Все у владі Твоїй, охорони нас добром!
Навчи добром перемагати зло, добром, а не злом!

*Tuesday 10.04.2012*

# ЛЮБОВ

## Єднання у родині

Єднання у родині
Дає приклад дитині;
Перемогам й успіху сприяє
Та від хибних кроків оберігає.

*Thursday 15.12.2022*

## Коли яка турбота

Коли яка турбота,
То всі допомогти мають,
І значущою є кожна йота:
Так добрі раби Божі перемагають.

*Sunday 11.12.2022*

## Любов тварини

Якою щирою буває любов домашньої тварини:
Цуценяти, кошеня та іншої пухнастої звири́ни.

У відповідь потрібне дбáння
Та вірність без жодного вагання.

*Saturday 03.12.2022*


## Мудра допомога

Інколи допомога
Не є надзвичайна перемога,
А лише обов'язок добра,
Чи молода людина, чи стара.

Тому із смиренням нехай буде дія
Із іскринкою надії вія,
Із мудрістю розрізняти
Кому ж справді допомогу потрібно надавати.

*Saturday 03.12.2022*


## Церква, мова й армія

Церква – серце народу є,
А мова – душа його то.
Армія на захист добра стає,
І ці три, коли у Бозі, не здолає ніхто.

*Saturday 19.11.2022*

## Любов перемагає (1)

Справжня, добра любов перемагає
Бо вона сильніша за лють;
Така любов надіється, вірить і дбає;
Правдою оздоблює путь.

*Sunday 30.10.2022*


## Скарб

Багато у світі скарбів є,
Але лише Один над усіма стає –
Царство Боже, до Якого Господь пригортає
Всіх тих, хто Його щиро та невпинно шукає.

*Thursday 27.10.2022*

**Щира подяка – прояв любови**

Щира подяка – прояв любови,
Коли почуття оформлюються за допомогою мови.
І це також свідчить,
Що тому, хто промовляє повага личить.

*Monday 10.10.2022*


**Залиш зайві турботи та хвилювання**

Залиш зайві турботи та хвилювання.
Є Люблячий Бог, Який дбає.
Що б ти не практикував, військову справу чи малювання…
Божа правда перемагає.

*Wednesday 05.10.2022*


**Любов перемагає (2)**

Той перемагає,
Хто щиру любов має;
Хто на слушну нагоду не завжди чекає,
Але у добрих справах часу не гає.

*Saturday 01.10.2022*

## За чим гнатися

Шукаймо перш Царства Божого кожного дня,
Хай мудро, як змій*; хай наївно як цуценя.
Тоді інші речі також можна надбати**,
А ще у залишку надію дістати.

*Mm. 10:16.
**Mm. 6:33.
Saturday 17.09.2022


## Твори добро, твори

Твори добро, твори;
Свою добру справу з любов'ю роби.
Доки є можливість, уперед іди;
Шлях до перемоги стели.

Wednesday 31.08.2022

**Волонтер**

Волонтер – сміливець щирий є,
А ще щедрий бо багато дає;
З любов'ю та вірою дбає;
Вправно та творчо допомагати як знає.

*Friday 12.08.2022*

**Друг**

Другом є свійська тварина,
І якщо вона веде себе відповідно – це не її провина.
Цінуй за простоту і любов до "зграї" цуценя;
За самостійність і вурчання кошеня…

*Monday 25.07.2022*

**Я десь далеко, а ти завжди поруч**

Я десь далеко, а ти завжди поруч;
Я піду направо – ти ж краще ліворуч.

Навіщо я потрібен тобі?
Вибрав не з легких я долю собі.

Мені з тобою затишно й тихо,
А чи знайдеш зі мною щось окрім лиха?
Ти розумна, добре поміркуй, будь ласка, –
Бути зі мною – зовсім не казка.

Ліпше подивися уважно навколо,
Здається, я потрапив у замкнене коло.
Я певен, кращого від мене ти знайде́ш…
Хоча ні, ти просто ближче підійде́ш

І долонею торкнешся мого чола.
Мені зрозуміти ти добре дала,
Ти завжди поруч зі мною, –
Я дякую долі за нашу любов та перемоги з тобою.

*Thursday 18.12.2003*


**Що не день, то більше клопотів, еге ж…**

Що не день, то більше клопотів, еге ж…
Я втомився так довго йти;
Недосконалість навколо теж
І несила міст перейти.

Та я не впав – я стою,
Тільки віра тримає мене.
Можливо, завтра не стане в бою…
Віра, надія й любов лишаться, все промине.

*Saturday 08.05.2004*

**Хочу бачити Україну сильною**

Хочу бачити Україну сильною.
Знаю, це – зовсім нелегко буде
Та мені допомогли зробивши її вільною;
Я спробую, може, вона ще більшого здобуде.

Вже набридло чекати,
Я просто не в змозі нічого не робити;
Я збираюся діяти, а не казати,
Бо певен, усе ми здатні на краще змінити.

*Saturday 13.03.2004*


**Стояти, захищати**

Мені важко вчора, мені важко сьогодні,
А що буде завтра, може, вже годі?
Ні, я буду боротись, я буду стояти,
Тому що Батьківщину необхідно захищати!

*2003*

**Мріймо разом**

Я знаю, у тебе багато роботи,
І з кожним днем додаються клопоти.

Часом хочеться просто заплющити очі
І податися до країни снів тихої ночі.

Розправ свої маленькі крила,
Зрозумій, у тобі прихована величезна сила.

Полетімо зі мною за обрій далеко,
У країну мрій, де все просто та легко.

Хай жодної не буде тобі перешкоди,
Адже не завдаси нікому ти шкоди.

*Sunday 14.12.2003*


**З борту літака**

Українська земля,
Ненько моя!
Яка ж ти тендітна!
Маленька та ж щира,
Серцю примітна.

Не можна тебе оббирати,
До листочка плід обривати.
Бо ти ж – як дитя:
Відверта, наївна.
Ти любиш волю та й саме життя.

О Мила, цінуй ж і себе!
Хай бачать тебе

Як невісту у весільному вбранні:
Чисту та скромну;
Спраглу у Божому знанні.

*Sunday – Monday 09–10.08.2009*


**Нехай усе буде любов'ю**

Люби добро понад усе,
Не думай про це двічі.
Як треба чини, нехай твоє життя любов несе.
Не бійся дивитися правді у вічі.

Нехай твоє світло світить,
Нехай твоє життя прикладом слугує.
Не сумнівайся, Бог помітить.
Не сумуй, Господь твоє життя збудує.

Нехай усе буде з любов'ю
Та май життя у собі.
Не зважай, що скажуть за спиною;
Надійся на Бога, чини з головою.

*Sunday 21.07.2013*

**Возлюбив Господь раба Свого**

Возлюбив Господь раба Свого.
Як написано, так усе добро вчинив.
Велике Ім'я Його.
Господи, раб Твій грішний Тебе полюбив!

*Sunday 16.03.2014*


**Розумійте народи**

Розумійте народи і покоряйтеся
Бо з нами Бог, бо з нами Бог!
Розумійте, не вихваляйтеся,
Робіть добро!

Розумійте народи і покоряйтеся,
Добро робіть!
Любов'ю один до одного не цурайтеся,
Милість із серця творіть!

*Friday 06.04.2012*


**Любов перемагає (3)**

Любов перемагає,
У суспільстві хай що.
Добро переважає,
Не злякає волю ніщо!

Наша любов – боротьба
За волю, за мир.

17

Минає рік як доба,
Переможемо вир!


І зрадіють діти наші
Бо батьки щиро йшли.
Вдосталь буде каші
Бо добром перемогли!

*Monday 15.02.2010*

# СМІЛИВІСТЬ

**Стій твердо**

Не переживай коли Бог карає,
Адже Він виправлення нашого і спасіння бажає.
Також, коли чиюсь бачиш скруту, не докоряй
Бо не знаєш чому, а ще краще – допомагай.

*\*Див. Євр. 12:5-7; Ів. 9:2-3.*
*Monday 19.12. 2022*


**Новий день – нове життя**

Завжди є шанс, місце для дива, надія;
Кожен ранок – нове життя, світла подія.
Із Богом у серці та справах; із вірою повсякчас,
Перемагай; життя – вдача, дякуй Господу та користуйся як
ас.

*Tuesday 13.12.2022*

## Вір

Де б ти не був,
Що б від кого не чув,
Хто б що не робив,
Вір – є Бог і є багато див.

*Friday 09.12.2022*

## Молитва щира

Багато що може молитва щира;
Писання вчить, що у житті допомагає віра.
Речі ці добре практикувати,
Із Божою поміччю до перемог крокувати.

*Sunday 04.12.2022*

## Не падай духом, друже

Не падай духом, друже, краще – зважай;
Прикладом добрим ближньому допомагай.

Воля Божа – на все, знай;
У вірі, любові, надії зростай.

*Tuesday 29.11.2022*


**Радій добру**

Радій добру, живи, посміхайся;
Від журби відмовляйся.
Добро чини – переможе воно;
У серці своєму плекай віри зерно.

*Tuesday 22.11.2022*


**Перемога є поруч**

Інколи перемога за рогом і треба лише досягти
Бо ж чинники є, які назад ладні тягти.
Тому із молитвою просувайся вперед
І поступово працюй, щоб назбирати мед.

*Friday 18.11.2022*

## До перемоги йти

До перемоги потрібно йти,
До берега плисти;
Для диплому вчити,
Для здоров'я зарядку робити.

*Thursday 17.11.2022*


## Надія

Завжди треба мати надію,
Живу, дієву, щиру,
Яка може перерости у дію
І дати плід здобутку, волі, миру.

*Saturday 12.11.2022*


## Із чим квапитися

Хоч поспіх найкраще уникати,
Але є речі із якими треба поспішати:
Любити, жити, добро робити, –
Відкладати ці ж бо значить серце стулити, програти.

*Friday 11.11.2022*

## Ближче до світла

Ті, хто до світла належать, його шукають
І надію на добро плекають;
Ті, хто до світла йдуть,
Із Божою поміччю, його знайдуть.

*Wednesday 09.11.2022*


## Тугу бороти треба

Друже, тугу бороти треба
Та очі часом звертати на небо.
Віру, надію май і з тим до справи берися.
Тверезим оптимізмом користай і молися.

*Monday 08.11.2022*


## Господь допомагає

Господь дивиться, як допомогти, а не покарати.
Тому треба розум, сміливість, надію мати.

Більше того, помста Богу належить:
Господь за порядком ретельно стежить.

*Friday 04.11.2022*


## Добро перед собою

Завжди май добро перед собою –
Світло у серці, віру, надію, любов.
Господь – не далеко, а поруч з тобою.
Він подасть перемогу знов.

*Thursday 03.11.2022*


## Серце та дух для перемоги

Май дух за добрі речі боротися та перемагати,
Чи то у роботі, навчанні, щоб хаті раду давати…
Ні, не завжди, що корисно легко дається,
Але той досягає, хто старанно б'ється;

24

Хто із молитвою вперед вірно просувається
Та використовувати час мудро намагається.
Коли ж досягнеш, дякуй Богу, радій,
А ще май план подальших дій.

*Saturday 29.10.2022*


## Віра, мудрість, сміливість

Віра, мудрість, сміливість перемозі сприяють –
Приклади тому біблійні та життєві навчають.
Отже, вір і користайся головою,
А ще сміливість май із собою.

*Wednesday 26.10.2022*


## Як досягнути мети

Як досягнути мети у речах добрих шлях є
І залежно від цілі різними можуть бути деталі,
Але завжди одна річ на перше місце стає:
У серці дієву віру маєш плекати дедалі.

*Tuesday 25.10.2022*


## Сподівайся на Бога

Сподівайся на Бога у всьому:
У скруті та коли все за планом.

Нехай укріпиться твоє серце у тому.
Працюй; свого часу будь паном.

*Friday 21.10.2022*

## Май надію

Май надію і з тим працюй, навчайся,
Із Божою поміччю, успіху досягнути намагайся.
Вітру виття не лякайся,
До молитви щиро вдавайся.

*Thursday 20.10.2022*

## Терпіння та віра святих

Хто за зброю береться,
Тому не минеться;
Хто у полон нечестиво веде,
Той сам себе до того ж зведе.

*\* Див. Об. 13:10.*
*Tuesday 18.10.2022*

## Жива, дієва віра

Жива, дієва віра – дуже важлива
І будь-що треба залишати місце для дива.
Ні, не тільки коли все добре,
Але завжди май серце вірне й хоробре.

*Sunday 09.10.2022*


## А ти йди

Хай хто хоче, щоб ти помилився,
Впав, пішов назад, похилився, –
А ти йди, перемагай;
Добрі справи роби та Бога прославляй.

*Tuesday 11.10.2022*


## Дельфін проти акули

Акула – ворог суворий, зухвалий та небезпечний.
Дельфін – друг кмітливий, сміливий, ґречний.

27

Не сила, але добра мудрість перемагає.
Застосовуй те, що перемогу наближає.

*Monday 10.10.2022*

## Пильнуй

Будь на варті,
Адже є нечесні ще на старті.
У роботі, відпочинку, дружбі пильнуй.
Із мудрістю шлях свій будуй.

*Sunday 02.10.2022*

## Попри все, надію май

Попри все, надію май,
Господь недалеко, знай.
Про добрі справи дбай.
У щирій, розумній вірі зростай.

*Friday 30.09.2022*

## З вірою та надією стій

Коли найзапекліший бій,
З вірою та надією стій.
Неодмінно, за рогом перемога;
Де ж бо правда, там Божа допомога.

*Saturday 24.09.2022*

## Борися, побореш

Борися так,
Наче від тебе перемога залежить.
Нехай і ближнім те буде знак.
Вірним перемога належить.

*Friday 16.09.2022*

## У відчай не впадай

У відчай не впадай
Бо від того – лихо.
З молитвою та вірою перемагай.
Часто далі йде той, хто йде тихо.

*Monday 13.09.2022*

## Сила у слабкості

Сила Божа, друже,
У немочі здійснюється* дуже.

29

Тому не переймайся про сили брак,
Але молися, йди та перемагай так.

*Див. 2Кор. 12:9
Monday 05.09.2022


## Спасіння

Наша головна мета – спасіння.
Тому відклади про другорядні речі тремтіння.
Будь спок., молися, йди;
Впевненість і перемогу у головних речах знайди.

Monday 05.09.2022


## Пройти та ставати сильнішим

Деякі речі є неприємні, сумні
Та деякі речі треба пройти;
Молитися треба особливо у деякі дні,
Щоб Господь дав сили та розум знайти.

Monday 05.09.2022


## Борися (1)

Завжди борися,
Із цим не барися.
Адже потім зусиль більше треба,
Щоб дістатися чистого неба.

30

Але не всі боротьби потрібні,
Деякі – дрібниці; деякі – хибні.
Тому зважай,
Сміливість, розум, відчуття часу май.

*Friday 02.09.2022*

## Будь бадьорим

Будь бадьорим у справах, житті
І при різкому вітру витті,
І при середовищі, що спокій має
Адже Господь щиро любить і дбає.

*Friday 19.08.2022*

## Добро має бути міцне

Добро має бути міцне;
Має захищати себе вміти,
Щоб бути готовим, коли хто кордон перетне,
Щоб у безпеці були діти.

Та не тільки у глобальному плані,
Але й в індивідуальному теж
Треба бути у мудрому та сміливому стані,
Щоб добра не перетиналося меж.

*Tuesday 16.08.2022*

## Будь сміливим

Будь сміливим будь-що,
Із Богом розлучити нас не може ніщо.
Посміхнись і сміливо крокуй уперед;
Май віру, надію, любов насамперед.

*Thursday 04.08.2022*

## Борися (2)

Завжди треба боротися –
Не важливо що та як довкола, –

Щоб як шипшиною не обколотися,
Щоб ситуація не стала зовсім квола.

*Sunday 31.07.2022*

**Маємо боротися**

Маємо боротися як можемо
Бо тоді є надія,
Що переможемо,
Що здійсниться добра мрія.

Отже, чи у роботі,
Чи у повсякденному житті,
Будьмо на мужній, працьовитій ноті
У справі, слові, блоговій статті.

*Saturday 23.07.2022*

## Ніколи не впадай у відчай

Ніколи не впадай у відчай, тримайся.
Складно, так, а ти збирайся
Бо за скрутою йде звитяга;
Тому нехай хороброю твоя буде сага.

Де можна, щиро посміхайся.
Із молитвою усюди просувайся.
Ніхто не обіцяв, що легко буде,
Але мудрий багато що здобуде.

*Saturday 23.07.2022*


## Ми маємо вірити

Ми маємо вірити завсюди,
Хай що там кажуть люди.
Бо ж не всі радіють добру,
А ми маємо зробити переможною гру.

*Saturday 23.07.2022*

## Стояти, надіятися, перемагати

Ще одна невдача сьогодні,
Інший удар від долі,
Але щоб перемогти, треба далі йти, як у грі.
У можливості вибору є перевага волі.

Посмішку лагідну на обличчі маю,
А життя навколо триває.
Про віру, надію, любов щиро дбаю
І з Божою поміччю так перемагаю.

*Saturday 06.12.2003*

# НАВЧАННЯ ТА РОБОТА

**Варто розвиватися**

Треба бути не тільки розумним, але й кмітливим,
Не тільки обережним, але й сміливим.
Бога хвалити треба в усьому,
А ще – щиро любити й бути вірним у цьому.

*Wednesday 21.12.2022*

**Запорука просування**

Завчасне тренування,
Мудре розподілення пріоритетів
Є запорукою успішного просування
Від побуту, роботи до науки й університетів.

*Saturday 17.12.2022*

## Правильні рішення

Від Бога правильні рішення є,
Тому той, хто щиро молиться вірніше "б'є",
Вчасно відповідь надає
І, з Божою поміччю, успішним стає.

*Friday 16.12.2022*


## Мудрість і професійність

Коли робимо річ належно,
То й результат – відповідний;
А ще уникаємо працювати бентежно
Та маємо доробок плідний.

Тому не треба поспішати,
Йти на компроміс заради примарної обіцянки.
Себе та свій досвід варто шанувати
Та мудро крити роботи своєї ділянки.

*Wednesday 07.12.2022*


## Простота (1)

Простота у справі, слові, поведінці,
Чи у великому колі, чи із кимось наодинці,
Сприяє порозумінню
Та слугує прикрасою професійному вмінню.

*Tuesday 06.12.2022*

## Один із способів подолання хвилювання

Один із способів подолання хвилювання –
Підготовка, тренування,
А ще здобуття знання
І тим підкріплення професійного звання.

*Friday 02.12.2022*


## У будь-якій ситуації тримайся голови

У будь-якій ситуації тримайся голови,
Не поспішай занадто, але й гав не лови.
Якщо сарай горить, хату бережи та його гаси,
А ще краще справ кепських не допусти.

*Thursday 01.12.2022*


## Користайся часом мудро

Час обмежений, так,
Тому важливе не відкладай у рюкзак,

А поступово йди до мети,
А ще відпочивай та обходь непотрібні кути.

*Wednesday 30.11.2022*

## Коли справи повільно просуваються

Коли справи повільно просуваються,
Мудрі із пантелику не збиваються,
А моляться та далі працюють,
Із Божою поміччю перемогу крок за кроком будують.

*Saturday 26.11.2022*

## Молитва – пріоритет

Коли молитва – пріоритет,
То успіх поширюється на стосунки, роботу, університет…
А головне – націлюємося не спасіння
І того усюди у житті закладаємо насіння.

*Thursday 24.11.2022*

## Свіже повітря

Свіже повітря здоров'ю сприяє,
Ясності голови допомагає.
Також має користь у презентації
Та рух додає у будь-якій ситуації.

*Wednesday 23.11.2022*

**Помолитися стосовно рішення**

Той, хто у молитві довіряє
Богові важливі рішення, питання,
Тому Господь допомагає,
І той має винагороду за свої старання.

Так роблять люди видатні
І мудрі правителі у часи складні.
Так лагідні християни вчиняють,
І мужні захисники перемагають.

*Saturday 19.11.2022*


**Винахідливість**

Винахідливість і простота –
Речі, які помножують шанс успіху разів до ста.
Чи у роботі, житті, навчанні,
Допомагають зрости та перемогти у змаганні.

*Tuesday 15.11.2022*

**Занотувати**

Інколи, щоб запам'ятати,
Треба одразу занотувати.
Неправда, що ідеї – дешеві –
Деякі корисні, цікаві, дієві.

*Saturday 12.11.2022*

**Рецепт від турбот**

Інколи робота та навчання
Корисні для відволікання
Від турбот, переживання,
А ще для спокою та справ просування.

*Tuesday 08.11.2022*

**Три фактори комунікації**

У виступі, згідно Карнегі, важливо
Хто, як і про що говорить,

І часом, наче комунікативне диво,
Найменший вплив останній фактор творить.

*Saturday 05.11.2022*


## Щіпка позитивної ноти

Інколи для перемоги замало важкої роботи,
А ще потрібні кмітливість,
Проворність, сміливість
І щіпка позитивної ноти.

*Saturday 05.11.2022*


## Навчання

Навчання – справа хоробра, важлива;
Інколи складна та неосяжна як нива,
Але так само свіжа, поживна, плідна;
Для спокою корисна як для вух мова рідна.

*Monday 31.10.2022*


## Життя – на повну зайнятість робота

Життя – на повну зайнятість робота;
Тому нехай для праці буде квота.
Життя баланс добре плекати
Та для того зусиль докладати.

*Saturday 29.10.2022*

## Щоб легше навчатися, працювати

Щоб легше навчатися, працювати:
Уяви, що всі із тобою хочуть бізнес мати;
Що всі поважають
Або, як мінімум, ні на що не зважають.

*Tuesday 18.10.2022*


## Обміркуй

Коли хто доказує
Твою неправоту та бузину якусь розказує,
Не завжди треба поспіхом відповідати,
А спочатку відповідь добре обміркувати.

*Sunday 09.10.2022*


## Гумор допомагає

Гумор помірний, влучний, кмітливий –
Двигун справи винятково особливий.

Тому, користайся,
Але, як зі спецією, не перестарайся.

*Thursday 13.10.2022*

## Праця із мудрістю

Викладатися на сто у справах перевагу дає,
Але коли занадто, то на шкоду стає.
Тому не завжди (коли й можеш) треба все віддавати;
Май мудрість коли та скільки робити знати.

*Saturday 08.10.2022*

## Влучне мовчання

Людина, яка мовчить,
Створює враження розумної,
Часто більше ніж та, яка вербально мчить
Під час розмови шумної.

А ще той, хто слова рахує,
Змушує розумних більше слухати.
Отже, людина, яка влучно словами керує,
Як снайпер, може свічку здалека задмухати.

*Monday 03.10.2022*


## Потрошку

Найбільші перемоги
Часом трапляються без особливої змоги
Робити вчинки великі та гучні,
Але через поступові кроки влучні.

*Thursday 29.09.2022*


## Простота (2)

Простота у роботі та комунікації –
Справа слушної рації.
Проте інколи й у контексті
Тримайся суворої професійної честі.

*Monday 26.09.2022*


## Досліджуй, перевіряй

Не все чому чуєш вірити треба,
Але перевіряти про науку землі та неба.
Якщо не певен, годитися не поспішай:
Міркуй, важливі питання перевіряй.

Навіть якщо і знаєш,
Переконайся і так професійно зростай.
Нікому з людей маніпулювати не дозволяй,
Але будь мудрим, простим; молитвою повсякчас користай.

*Sunday 25.09.2022*

**Терпіння та розум**

Гарна річ терпіння, –
Це успіху у справах насіння.
Проте й розум треба мати,
Щоб коли необхідно вчасно реагувати.

*Tuesday 06.09.2022*

**Без діла**

Без діла псується сила,
Тому дбай,
Щоб не заіржавіли навички-вила;
Увагу на важливі речі звертай.

*Friday 02.09.2022*

## Не поспішати

Інколи краще не поспішати
У стосунках, спілкуванні, пропозиціях і навіть допомагати.
Май час розібратися, поміркувати,
Про мудре та доречне рішення подбати.

*Sunday 11.09.2022*


## Лідерство у вчинках

Не завжди лідер – це той, кого призначають.
Тому не завжди знаходять лідерство ті, хто чекають.
Часом лідера визначає слушна дія.
З молитвою, працею та сміливістю справджується мрія.

*Tuesday 06.09.2022*


## Швидкість мовлення

Яка швидкість мовлення є ідеальна?
Напевне, такої немає,
Але є така, що є оптимальна,
За якої комунікації успіх зростає.

Отже, швидко розмовляти
Значить співрозмовнику пропускати важливі речі
дозволяти.
Повільне тлумачення
Викликає бажання сказати "до побачення".

Швидкість мовлення ж, яка є помірна
Комунікативний успіх наближає,
У тому числі, коли хто іноземною мовою користає.
Тому середня швидкість є річ вірна.

*Wednesday 07.09.2022*

**Через помилки до перемог**

Без помилок не буває перемог,
Чи ти викладач, чи солдат, шахіст, чи йог…
Тому не бентежся, старайся, молися.
Досягненням радій, на хибах вчися.

*Thursday – Friday 01–02.09.2022*

**Як перемогти**

Правильно поставлене питання
Пів відповіді є.
Отже: "Як перемогти і мати просування?"
На це Біблія настанову дає.

Треба завжди відкривати
Шляхи свої перед Богом і молити
Його наставити та допомогти,
А ще навчитися турботи відкладати.

*Saturday 20.08.2022*

## Активний

Людина у корисних справах активна
Матиме більше успіху, ніж та, що пасивна.
Якщо й помилку зробила, то виправить швидко її.
Вправно влаштує справи свої.

*Saturday 20.08.2022*

## Робота

Значною є частиною буденності робота,
Але ж не має бути вона як гидота.
Не треба через неї страждати,
Безцінного життя кращі миті віддавати.

Не є це заклик до недбання,
Але до спокою надбання.
Божі віра, надія, любов – головне то є,
А праця лишень засобом нехай стає.

*Friday 19.08.2022*

**Працювати та щасливо жити**

Друже, з людьми працювати складно, часом дуже, –
Проте нехай спілкування буде просте.
Май мудрість на увазі та межу словесну знай.
Тужити не варто, але зусиль докладати, щоб щасливо жити.

*Friday 19.08.2022*

**Ранок**

Ранок – час спокою, уваги,
Коли людина повна сили, наснаги,
Найкраща частина доби;
У ній усе найголовніше роби.

*Sunday 14.08.2022*

**Підготовка до іспиту**

Не завжди можна все до іспиту знати,
Але загальну ідею треба мати,

А ще деякі питання глибоко та додатково дослідити
І впевнено, ввічливо по полицях усе розложити.

*Sunday 14.08.2022*

## Школа чи освіта

Не завжди школа дорівнює освіті.
Багато бачив я у світі;
Але що корисне бери, –
Інше мудро перетерпи.

А ще додатково вивчай;
Хист розвивай;
Про власні здоров'я, розвиток дбай.
Зі щирою молитвою перемагай.

*Sunday 14.08.2022*

## Освіта дорога́?

Чи освіта дорога́?
Так, але ще дорожча стерта нога.
Тому у розум вкладай.
Освіту собі ж на користь здобувай.

*Sunday 14.08.2022*

## Спокуса критикувати

Інколи існує спокуса така,
Коли розкритикувати тягнеться рука,
Але не завжди то на користь є
І замість форсажу гальмом стає.

*Sunday 07.08.2022*


## Полювання

Найкорисніше полювання у світі –
На мудрість, тобто фокус на освіті.
Не завжди легко таке вполювати
І не все корисно мати.

Тому обирай, як мисливець кмітливий,
Як воїн старанний, сміливий.
Якщо розум знайшов,
Матимеш щедрий у всьому улов.

*Saturday 06.08.2022*

## Лагідний гумор

Простий, дотепний гумор – корисна річ,
Чи працюєш, навчаєшся, чи йдеш на січ.
Тому шанобливого та доречного не цурайся,
Будь мудрим, користайся.

*Wednesday 03.08.2022*

## Не поспішай відповідати

Не поспішай відповідати:
Май час, щоб відповідь обміркувати.
Нехай мудрість і простота
Лунають як відповідь та.

*Monday 01.08.2022*

## Талант

Добрий талант не занедбуй, колего –
Ним Господу та брату служи.

53

Не переймайся через чиєсь надмірне его.
Розвивати свій хист до серця положи.

*Saturday 30.07.2022*


## Доброзичливість

Якщо можна, зо всіма залишайся у мирі;
Хай як швидко проминають життєві події у вирі –
Доброзичливим будь,
Але сміливо та мудро проходь свою путь.

*Monday 25.07.2022*


## З вірою

Берися за справу з вірою.
Крокуй поступово та впевнено правою, лівою.
Май надію, любов.
Вірна у цьому людина переможе знов.

*Monday 25.07.2022*


## Будь кмітливим

Будь кмітливим у навчанні, праці, боротьбі.
Здобувай головою перемоги собі.
Хто б що не розповідав – нехай,
А ти про свої справи мудро дбай.

*Monday 25.07.2022*

## Працювати та відпочивати

Працювати – благородна справа,
Але відпочивати – це десертна страва.
Буденність повна лише тóді,
Коли ці – у балансі; то є й у моді.

*Saturday 23.07.2022*


## Тримайся розуму здорового

Тримайся розуму здорового повсякчас,
Тоді у справах будеш ас,
А у здоров'ї – козак
Бо переживання уникнеш і не матимеш брак.

*Saturday 23.07.2022*


## Подорожі – освіта

Подорожі – освіта,
Комбінуй із читанням на многії твої літа.

Квітни, май успіх, зважай.
Усіма силами мудрість шукай.

*Sunday 29.05.2022*


**Коли вже досягну своєї мети?**

Коли вже досягну своєї мети?
Не знаю та я ще не втомився.
І щоб не сталось, я буду плисти,
Хоч багато хто хоче, щоб я помилився.

Я й досі стою під ударами долі,
І ніхто не відніме моєї свободи.
Я сподіваюсь, у мене вистачить волі,
Щоб зрушити з місця старії колоди.

*Saturday 13.12.2003*

# СВЯТО НАБЛИЖАЄТЬСЯ

**Різдво духовними очима**

Різдво Христове – свято світла, добра, любови,
Коли на посмішку перетворюються насуплені брови…
Але, це – також привід поміркувати,
Не тільки тілесні, але й духовні очі застосувати,

Адже, з одного боку, Ісус Христос – тендітна дитина,
Приступна для усіх людина, –
З іншого, Цар Всемогутній, Бог, Спаситель,
Найвишуканішим мудрецям Учитель.

Тому не завжди варто поспішати,
Висновки про когось або щось формувати;
А ще, коли сам або інший хто каже: "Програв!" –
Поміркуй і віру май про те, що надбав.

*Sunday 25.12.2022*

**Справжній День Святого Миколая**

На День Святого Миколая подарунки дарують,
Ближніх зі святами віншують,
Піснеспіви на честь Святого чують,
Пісні солодощі до столу купують…

А чи про справжній дух свята кожен дбає,
Пам'ять про дії Святого Миколая має?
Чи кожен про те, що давати краще, ніж брати дитину
навчає,
І як дякувати Богу та ближньому дитинча кожне знає?

*Tuesday 27.12.2022*


**Покрова Пресвятої Богородиці**

Про заступництво Пресвятої Богородиці ми знаємо:
У Біблії свідчення маємо*,
А ще багато історій чуємо
Та із захистом надійним до перемоги крокуємо.

Із давніх-давен і за козацтва,
Серед щиросердого братства
Люди до Марії Діви у молитві звертаються,
Із заступництвом надійним за добро змагаються.

Діва Марія і досі людям допомагає,
Про визволення Всемогутнього Бога благає.
Тому, із молитвою та вірою, козаче,
Йди вперед мудро, сміливо та перемагай, юначе.

*Див. Ів. 2:1-11.
Tuesday 27.12.2022*

## Святі Іван Хреститель та Іван Богослов

Святих Івана Хрестителя* та Івана Богослова
У вересні Церква вшановує,
А тижні за два – Покрова,
Заступництво Богородиці, яке тривогу вгамовує.

Отже ці два святі різну долю мають,
Різні дари отримали,
Але від обох недоля та неспокій п'ятами накивають,
Обидва віру Божу дотримали,

Бога дарами своїми прославили –
Прикладом є нам їхнє служіння –
Господні Милість, Мудрість, Любов понад усе поставили.
Чи достатньо робимо ми, що підказує наше сумління?

*Tuesday 27.12.2022*

## Приклад Святих Апостолів Петра та Павла

У церковному календарі свято Апостолів є,
Святих Петра та Павла, життя яких нам приклад дає.
По-перше, каяття потрібне всім для спасіння, навіть святим;
І якби багато чи мало ми не зробили – надію маємо
прикладом цим.

По-друге, великі Божі Милість, Любов
І тим, хто щиро стає на шлях правильний знов,
Дає Він шану та перемогу,
Але й ми маємо пройти і плідною робити покаянну дорогу.

*Saturday 24.12.2022*


## П'ятдесятниця та День усіх Святих

П'ятдесятниця, або День Святої Трійці, щорік святкуємо,
Сходження Святого Духа цінуємо,
Коли на п'ятдесятий день після Пасхи учні Христові дари
дістали
І проповідувати різними зрозумілими мовами стали.

Це днем народження Церкви вважається
І розповсюдження Доброї Звістки спасіння учнями
починається.
А ще це свято – за тиждень до Дня всіх Святих; –
Дбаймо про різні дари Святого Духа, щоб і нам успіхів
дістати таких.

*Saturday 24.12.2022*

## Пасха – перехід до життя

Пасха – перехід від рабства до волі;
Від тимчасової до вічної "ролі";
Від темряви до світла ясно́го;
Від існування колишнього до життя нового.

Тому для нас це можливо,
Бо Христос здійснив це диво:
Задля нас постраждав,
Смертю смерть подолав.

Отже, і самі зусиль докладаймо,
Богові щиро подяку складаймо;
Вірно, з молитвою, Богу служімо;
Ближньому справами ти словом про спасіння скажімо.

*Friday 23.12.2022*

## Хрещення Господнє – Богоявлення

У січні Хрещення Господнє святкуємо;
Новий рік для себе плануємо,
Але є ще важлива річ, про яку треба дбати, –
Про неї свято це допомагає пам'ятати:

Ісус Христос Син Бога є,
У справі спасіння людина допомогу дістає;
Свята Трійця любить і перемогу світла наближає;
Ісус Христос до спасіння направляє.

*Friday 23.12.2022*


## Новий рік – День Св. Василія Великого

Новий рік – час віри, надії, подяки,
А ще час робити справи милосердя усілякі.
Недарма у перший день року незнайомого
Церква згадує Святого Василя Великого – благодійника
відомого.

Тому дехто у цей день подарунки дає,
Хтось добрішим і смиреннішим стає;
Та всі дякувати Богу маємо –
Для нас Він творить багато див, і про багато ми просто не
знаємо.

*Friday 23.12.2022*

# РІЗНЕ

## Поділитися світлом

Інколи, щоб світла більше стало,
Поділитися ним важливо,
Тоді, чи багато, чи мало,
Відзеркалять інші, як кому властиво:

Дзеркало – багато,
Метал – достатньо теж,
Дерево, так, але не занадто.
Найдалі світло світить із високих веж.

*Tuesday 20.12. 2022*


## Християнське устаткування

Правда – християнські набої;
Поділитися заповідями головними –
Військові черевики для відстані будь-якої;
Праведність – бронежилет із якостями видатними;

Віра – польовий раціон подвійний;
Слово Боже – духовна гвинтівка прицільна;
Спасіння – GPS-приймач надійний;
Молитва – рація стабільна.

*Див. Еф. 6:10-18.*
*Saturday – Sunday 17-18.12.2022*


## Без поспіху

Інколи варто зупинитися,
Щоб красою природи насолодитися;
На трішки припинити поспішати
Та спокій і час для роздумів про головне мати.

*Wednesday 14.12.2022*


## Корисні речі

Робити те, що людина полюбляє говорити,
Мовчати, щоб помилок уникати,
Дружнім, але також бути справедливим і мужнім –
Корисні є речі, коли не випадкові, а цілком навмисні.

*Sunday 11.12.2022*


## Каятися та просуватися

Каяття щире виявляється у дії,
У молитві, щоб уникнути знову граблі тії.

І хоч, як від рани, залишається слід,
Але не озирайся назад, а твори добрий плід.

*Thursday 08.12.2022*

## Покаяння

Покаяння запізнім не буває, –
Хто каявся щиро, знає.
Той це практикує, хто про добре дбає, –
Цього смирення вимагає.

*Thursday 08.12.2022*

## Стриманість у слові

Піст є слушний час,
Щоб контролювати мовленнєвий запас,
Щоб не тільки у їжі поміркованість мати,
Але й стриманість у слові опанувати.

*Monday 28.11.2022*

**Доля тих, хто добро творить**

Доля тих, хто добро творить
Красу правди доводить;
Життя їх Господь провадить у надії
Та допомагає у здійсненні мрії.

*Friday 25.11.2022*


**Вагання**

Не завжди корисне вагання,
Хоч інколи воно допомагає
Уникнути непотрібне самокартання.
Мудрий той, хто зважає, але час не гає.

*Monday 21.11.2022*


**Мудро зважай**

Інколи друг, який поруч є –
Краще, ніж родич сигнал до якого не дістає.
По ситуації треба дивитися,
Щоб мудро чинити та не помилитися.

*\* Див. Прип. 27:10.*
*Wedesday 16.11.2022*

## Свідчити про правду

Церква покликана свідчити про правду за всіх умов,
У різний спосіб та за допомогою багатьох мов.
Правда, що Христос – Спаситель є,
А біблійна істина до шляху життя веде.

*Sunday 13.11.2022*


## Свобода

Свобода – процес, який зусиль вимагає;
Той свободу має,
Хто про неї часу та віри не гає;
Той, хто у добрі, сміливості зростає.

*Thursday 10.11.2022*


## Поміркованість

Поміркованість – добра річ
У перегляді новин, переживанні;

Відпочинку, гостюванні,
Чи день, чи ранок, чи ніч.

*Thursday 03.11.2022*

## Посмішка

Посмішка знезброює;
Рани загоює,
Допомагає у спілкуванні
Та гарних, щирих речей просуванні.

*Tuesday 01.11.2022*

## Надійся на Бога та на себе

На Бога надію мати
Та самому завзято працювати
Успіху у всьому сприяє,
А у цих речах молитва допомагає.

*Saturday 22.10.2022*

**Тримай рівновагу повсякчас**

Тримай баланс;
Це – безпеки та перемоги шанс.
Бо є ж ті, хто збивають,
А потім тим користають.

*Monday 17.10.2022*

**Межа**

Межа у речах здоров'ю сприяє,
Чи їжа, праця, відпочинок, переживання…
Поміркованість, то є надбання.
Успіх складовою міру має.

*Wednesday 12.10.2022*

**Переможи хвилювання перше, ніж воно переможе тебе**

Переможи хвилювання,
Переживання та дратування.

69

Віднайди рівновагу;
Сконцентруй увагу.

*Friday 07.10.2022*


**Досліди, а потім дій**

Інколи, ніж гарячкувати,
Краще пригальмувати
І придивитися, перепитати
Або ж у слушний, мудрий спосіб перевіряти.

Так можна упевнитися у всьому
І відповідно дати раду цьому:
Якщо друг, то радіти тому;
Якщо ні, тримати далі від роботи та дому.

*Thursday 06.10.2022*


**Смиренна самоповага**

Високо голову розумну тримай,
Ні, пихи не треба, але самоповагу май;
Коли говорити та мовчати знай,
Повагу ближніх й успіх надбай.

*Tuesday 04.10.2022*

**До найгіршого готуватися, на найкраще сподіватися**

Мудрість закликає
До найгіршого готуватися,
Але на найкраще сподіватися.
Хай розумний вчасно дбає…

*Wednesday 28.09.2022*


**Спокійно шлях свій будуй**

Ти – не гірший ніж будь-хто,
А у деяких речах кращий разів у сто.
Ні, не гордуй,
Але із Божою поміччю шлях добрий будуй.

*Tuesday 27.09.2022*


**Цінуй своє**

Себе недооцінювати –
Шкідливо, як і переоцінювати.

Найкраще, тверезо зважай,
А ще мудрість і сміливість май.

*Friday 23.09.2022*

## Добро переможе

Добро переможе,
Тому той, хто хоче перемоги
Має до добра спрямовувати розум і ноги.
У тому Господь обов'язково допоможе.

*Thursday 22.09.2022*

## Нерви

Коли нерви допомогли хоч ко́му?
Якщо відповідь – ніколи нікому,
Тоді зважай
Та тверезий розум май.

*Tuesday 06.09.2022*

## Посміхайся та будь мудрим

Менше лякайся, –
Більше посміхайся.
Поспіх уникай, –
Мудрість плекай.

*Monday 19.09.2022*

## Для суду

Коли бачиш лиходія, пам'ятай,
Що Бог й фараона залишив для суду.
Тому будь мудрим, дух свій укріпляй;
Дощем земля позбувається бруду.

*Sunday 18.09.2022*

## Маленькі радощі

Маленьким речам треба радіти
Щиро, як маленькі діти;
Про турботи треба часом забувати
І завжди про духовне дбати.

*Thursday 15.09.2022*

## Щастя

Як бути щасливим?
Для цього потрібне

Ставлення до життя відповідне:
Знаходь позитивне; робися сміливим.

*Wednesday 14.09.2022*


## Є правда

Є правда і не дозволить Бог нечесному керувати
Долею праведного, ані своє без кінця просувати,
Щоб праведник не пішов нечесним шляхом.
Так є у поодиноких випадках, так є загалом.

*\* Див. Пс. 124 (125).*
*Sunday 11.09.2022*


## Диваки

Якщо дивак, не переймайся.
Лише май мудрість, міру; посміхайся.
А ще справу роби добру свою.
Ті, що зневажають плентаються завжди у краю.

*Sunday 04.09.2022*


## Аналізуй

Усю інформацію необхідно дослідити,
Щоб не стати простаком,

Щоб не дати приводу нечесним радіти,
Щоб неправду зупинити мов часником*.

*Шипи для зупинення транспортних засобів проколом шин.*
*Saturday 20.08.2022*


## Нехай обличчя сяє

Чи чув ти, що у християн обличчя сяє?
Бо ж повне віри, любові, надії.
І впевненість у Бога серце поділяє;
І чисті, веселі їхні мрії.

*Friday 19.08.2022*


## Наша ціль – спасіння

Наша ціль – спасіння,
Тому, щоб ти не робив,
Пам'ятай плекати добра насіння
І ще як Господь тебе полюбив.

*Friday 19.08.2022*

## Перевіряй

Багато, що можна почути
І не завжди корисно сперечатися,
Тому стриманим важливо бути,
Перевіряти факти, навчатися.

*Sunday 14.08.2022*


## Клепка

Клепка – річ корисна,
Але не кожен має;
А для когось те – взагалі річ ненависна.
Та мудрий, здоровий, сильний перемагає.

*Sunday 14.08.2022*

## Спокій

Спокій – корисна річ,
Чи ранок, чи день, чи ніч;
Тому шукати та надавати активно намагайся.
Разом із тим, якщо часом не маєш, не переймайся.

*Saturday 06.08.2022*


## Бог – сильніший за всіх

Бог – сильніший за всіх,
У Нім перемоги та щирої радості сміх.
Тому бути завсіди із Ним – наша головна мета,
А все інше додасться, також і многая літа.

*Thursday 28.07.2022*


## Казка

Одного разу був розбишака,
Подругою якого лише була ломака.

Нею прагнув він друзів знайти,
Але ніхто не хотів до нього підійти.

Тоді знайшов він одну у вишиванці,
Довго робив навколо неї дикунські танці.
Вона добряче насміялася;
Як очікував він, – зовсім не злякалася.

Гумором, розумом, сміливістю перемогла;
Навколо дивувалися всі, як змогла;
Тоді вона відповіла:
“Щира віра, рідна мова, міцна булава”, і багатьох ще вона
спасла.

*Tuesday 02.08.2022*


**Не обіцяй**

Не обіцяй – силами усіма уникай
Бо обіцянка є пастка,
Тому про свою честь, безпеку дбай;
Бути обачним – твоя частка.

Якщо вже сказав,
То виконуй бо ж що таке пообіцяти знав
І хоч собі не на користь, одначе
Слово маєш тримати, юначе.

Не виконуй тоді тільки,
Коли не на добро, оскільки
Маємо лише світло множити.
Мудро дій і ніщо тебе не має тривожити.

Разом із тим, будуть інші теж,
Які на все кажуть "авжеж",
А потім задкують без меж, –
А ти не обіцяй, будь мудрим і так підкориш багато веж.

*Tuesday 26.07.2022*


## Чуже – не завжди краще

Чуже – не завжди краще, так;
Своє – не завжди брак.
Тому тверезо зважай.
Май терпіння, про слухання дбай.

*Monday 25.07.2022*


## Бережи слова

Чи ти бачив у мовленні надлишок слова –
Фрази неохайно розкидані, як при заготівлі дрова?
Я бачив і чув,
І бідний той чолов'яга був.

Тому будь на варті, пильнуй,
Кожне слово цінуй.
Так клопоту зайвого уникнеш,
А ще, як точним влучанням, глибше проникнеш.

*Monday 25.07.2022*

## Якщо не певен, молися

Якщо не певен, молися;
Бракує мудрості – проси.
Отже, не гай час – берися.
Бог Всемогутній і Добрий єси.

*Monday 25.07.2022*


## Чим більше, тим краще?

Не завжди чим більше, тим краще є,
Інколи перемагає той, хто влучно б'є,
Хто розпоряджається кмітливо,
Хто з Божою поміччю працює й отримує диво.

*Monday 25.07.2022*


## Тільки що добре

Якщо життя – корабель,
То ти – капітан, що веде судно до пригоди

Крізь тихі та буремні води, –
Тому уникай акул, збирай що добре – форель.

*Sunday 24.07.2022*


## Вправи для слави

Фізичні вправи – корисні
І можуть бути приємні –
Не мають бути ненависні, –
Тому обирай, – і не мають бути вони об'ємні.

*Saturday 23.07.2022*


## Поспіх чи успіх?

Поспіх чи успіх, обирай.
Адже хто поспішив, той людей насмішив,
Але хто барився, той у хвості загубився.
Тож, зважай і розум май.

*Saturday 23.07.2022*

## Жага пригод

Жага пригод – це добра справа,
Але, щоб із того була добра слава,
Маймо контроль над тим.
Тоді на користь і радість буде бачити Рим.

*Saturday 23.07.2022*


## Слухати та не завжди дослухатися

Слухати та не завжди дослухатися
Мудрість вимагає,
Бо не все і не все докладно інший знає.
Тож мудрість май, щоб не хитатися.

*Saturday 23.07.2022*


## Життя понад усе

Життя понад усе;
Життя перемагає.

Хай хто яку дичавину несе, –
Господь любить і дбає.

*Saturday 23.07.2022*


## Життя – довжелезна дорога

Життя – довжелезна дорога,
Крізь гори, крізь ріки…
Чи будуть сили, чи буде змога
Дійти до кінця не скуштувавши ліки?

Сьогодні – все добре, ти переміг
І, наче, не так усе й погано,
А завтра – несподіванка і ти зліг.
Будь готовим – розслаблятися – рано.

Тільки найкраще маєш шукати.
І нехай ти зараз програв,
Та зрештою падуть невидимі грати.
Життя – великий бенкет із сотнями страв.

*Thursday 08.01.2004*


## Моє життя тихо йде

Моє життя тихо йде,
Ледь чутно стукає серце.
А хто для нього місце знайде?
Чи комусь зрозуміло ось це?

Часом моя кривенька стежина
Губиться з-поміж широких шосе,
Та я згоден, життя – не малина
І багатьох раніше воно унесе.

Як одна з мільйонів краплин,
Що у морі десь пливе в течії,
Підхоплює неспинного часу плин,
Але головне – з Божою поміччю – досягати добрі цілі свої.

*2003*

**Гроші як звичайни сніг**

Гроші як звичайний сніг –
Він на теплому тане,
А друг якось дивно заліг.
Та, може, і йому помітно стане,

Що це, все таки, – засіб, не ціль.
Якщо ні, то з Божою поміччю, я впораюся сам
І чи не буде більшим його самітності біль…?
Дружба та підтримка є чимось більшим за крам.

Хай матиму лише одного,
Але справжнього друга,
Аніж сотню схожих на нього
І легше тягнутиму плуга.

Бо ніколи не залишить
Та не харкне в долоні,
Просто допоможе, хоч сам ледве дише,
І нікому не розкаже, і ніде не напише.

*Saturday 22.11.2003*

## За волю

Я сидів і тихо у вікно виглядав;
Загадку дивну не знаю чому я згадав;
Був ранок один із багатьох, що Богом даний:
"Що то за народ, колись мало знаний,

Що рівних не знає в бою,
Який справжню історію знає добре свою
І перед людиною не згинає колін,
І що став на боротьбу за валю всіх саме він?.."

*Saturday – Saturday 30.10.2004 – 19.03.2022*

## Я хочу смакувати кожну хвилину життя

Я хочу смакувати
Кожну хвилину життя,
Чи не в цьому сенс буття?
Я не хочу час марнувати.

Народилися ми не щоб існувати,
Ми мусимо жити!
Адже маємо серце, щоб любити
І маємо душу, щоб добро творити.

*Saturday 03.07.2004*


## Чого мокрому дощу боятися?

Чого мокрому дощу боятися?
Безглуздо сидіти, бездумно чекати,
Прийшов час за розум взятися.
Так. Я спромігся себе подолати.

Тепер вир турбот мене не поглине,
Хоч їх як в океані краплин,

І ніщо мене не зупинить,
Окрім невтримного часу плин…

*Saturday 24.01.2004*


## Набридло бачити бруд навкруги

Набридло бачити бруд навкруги,
Невже це – все, на що здатні?
Хіба ми самі собі вороги,
Чи зовсім затоптали народи "братні"?

Вже давно час усе з'ясувати,
Бо не так судилося буть.
Відповідь у собі маєш взяти,
Ніхто за нас не пройде ту путь.

Спробуймо, як Шевченко заповів:
"Борітеся – поборете", хто зна,
Може, так краще – ніхто не довів.
Спробувати варто – нижчого не буде дна.

*Sunday 18.01.2004*

## Віра єднає усіх

Віра єднає усіх.
Вухо прихили та почуй
Радість, дитячий сміх.
Мудрість каже: "На камені дім будуй".

Якщо не вірою, як зможеш спастись?
Людині то неможливо,
Але від Бога те*, отже ніколи не пізно занадто, повернись,
У Бога й блудний син побачить диво.

Кожен сам вільний обирати –
Такими Господь нас створив.
Не примусять тебе плекати талант чи занедбати.
Що хочеш, щоб про тебе казали: "Життя змарнував" чи
"Прожив"?

*See Lk. 18:26-27.*
*Saturday – Wednesday 13–17.05.2006*

## Час іде і час спливає

Час іде і час спливає…
Щось добре хотілось зробити
Та забігався, забув, а час не чекає.
Не маю дрібними турботами жити

Бо добро є більше за клопіт:
Отже, знаю про що маю піклуватись,
Щоб сумлінню дати добрий звіт.
Добро є світло, а світло – життя і нічому тут дивуватись.

*Saturday 22.07.2006*


## Боже, прости мені

Боже, прости мені:
Мої слова, моє мовчання,
Мої думки, моє вагання,
Але зглянься, щоб раба Твого зцілити,
Рани щоб мої омити.

*March 2011*

# АЛФАВІТНИЙ ПОКАЖЧИК (ТЕГИ)

# НОТАТКИ ЧИТАЧА